The Irresistible Fish And Other Bilingual Swedish-English Stories for Kids

Pomme Bilingual

Published by Pomme Bilingual, 2024.

THE IRRESISTIBLE FISH AND OTHER BILINGUAL SWEDISH-ENGLISH STORIES FOR KIDS

First edition. August 24, 2024.

ISBN: 979-8224603121

Written by Pomme Bilingual.

Table of Contents

Den Mystiska Maskinen

———

Det var en gång en busig liten filur vid namn Alfons, som bodde i en liten stad full av stora hemligheter. Alfons var inte som alla andra barn. Med ett litet knäpp med fingrarna och en snabb blinkning kunde han få vilken som helst att tro att en ko var en giraff eller att ett äpple var en apelsin. Alfons älskade att spela små spratt, men det var aldrig något elakt—bara tillräckligt för att få folk att skratta och undra om de verkligen hade sett vad de trodde att de hade sett.

En dag när Alfons var på väg hem från skolan, märkte han något underligt vid kanten av skogen som omgav staden. Ett stort, gammalt skjul som ingen hade lagt märke till tidigare. Nyfiken som han var, kunde Alfons inte låta bli att undersöka det närmare.

När han öppnade dörren, knarrade den högt, och en dammig doft av gamla böcker och maskinoljefylldes hans näsa. Inne i skjulet såg han något helt otroligt—en gigantisk maskin full av kugghjul, spakar och lysande knappar. Maskinen brummade stillsamt, som om den väntade på att någon skulle trycka på en av de många färgglada knapparna.

Alfons, som var både busig och modig, kunde inte stå emot frestelsen. Han sträckte ut handen och tryckte på en knallröd knapp mitt på maskinen. Plötsligt började maskinen att skaka och rassla, och en hög vissling ljöd genom skjulet. Alfons hoppade tillbaka och stirrade storögt på maskinen när den långsamt började förändras.

Framför hans ögon började maskinen krympa, kugghjulen snurrade snabbare och snabbare tills de inte längre syntes, och maskinen blev en liten, blänkande låda. På locket av lådan fanns en liten nyckel. Alfons plockade upp nyckeln och öppnade försiktigt lådan.

Inne i lådan låg en samling små, färgglada bollar, var och en med en liten etikett. En boll hade etiketten "Osynlighet", en annan "Flygförmåga", och en tredje "Djurtalande". Alfons insåg snabbt vad han hade hittat—magiska bollar som gav en särskilda krafter!

Han kunde knappt hålla tillbaka sin upphetsning. Alfons stoppade ner bollarna i sin ryggsäck och sprang hem, med tusen idéer snurrande i huvudet om vad han kunde göra med sina nyfunna krafter. Men han visste också att med stor kraft kommer stort ansvar, och Alfons var fast besluten att använda bollarna på ett klokt sätt.

Nästa dag i skolan kunde Alfons knappt vänta på att prova sin första boll. Han valde "Osynlighet" och när han rullade bollen i sina händer, försvann han plötsligt! Han smög sig runt i klassrummet och gjorde små roliga saker som att lyfta pennor från sina klasskamraters bänkar eller vända på lärarens bok så att den låg upp och ner.

Alla undrade vad som pågick, men ingen kunde förstå att det var busiga Alfons som låg bakom allt. Men Alfons använde också sina nya krafter för gott. När en av hans vänner blev retad på skolgården, blev Alfons osynlig och gav mobbarna en vänlig knuff så att de slutade. Ingen skadades, och Alfons vänner blev glatt överraskade över hur mobbarna plötsligt verkade bli snälla.

Dagarna gick, och Alfons fortsatte att upptäcka nya sätt att använda sina magiska bollar. Han blev bästa vän med en skata genom att använda "Djurtalande" bollen och fick den att stjäla kakor från bageriet—men bara för att ge dem till barn som inte hade råd med dem. Med "Flygförmåga" bollen hjälpte han brandmännen att släcka en eld genom att flyga upp och kasta vatten från molnen ovanför.

Alfons lärde sig snart att det roligaste med att ha krafter inte var att spela spratt, utan att hjälpa andra och göra världen till en bättre plats. Och så blev Alfons stadens lilla hjälte, även om ingen riktigt visste att det var han som stod bakom alla de märkliga och underbara händelserna.

När Alfons en dag gick tillbaka till skjulet för att lämna tillbaka lådan, märkte han att maskinen inte längre fanns där. Istället stod där ett gammalt, ihopsjunket träd. Alfons log för sig själv, för han visste att även om maskinen var borta, så skulle han alltid ha minnena av sitt äventyr—och kanske lite av den magin också.

Och vem vet? Kanske finns det någon annan busig filur som kommer att hitta en mystisk maskin och upptäcka en värld full av möjligheter och glädje.

Slut.

The Mysterious Machine

Once upon a time, there was a mischievous little rascal named Alfons who lived in a small town full of big secrets. Alfons was not like other children. With a quick snap of his fingers and a swift blink, he could make anyone believe that a cow was a giraffe or that an apple was an orange. Alfons loved to play little pranks, but they were never mean—just enough to make people laugh and wonder if they had really seen what they thought they had seen.

One day, as Alfons was on his way home from school, he noticed something strange at the edge of the forest surrounding the town. A large, old shed that no one had noticed before. Curious as he was, Alfons couldn't resist investigating further.

When he opened the door, it creaked loudly, and a dusty smell of old books and machine oil filled his nose. Inside the shed, he saw something incredible—a gigantic machine full of gears, levers, and glowing buttons. The machine hummed softly, as if it were waiting for someone to press one of its many colorful buttons.

Alfons, who was both mischievous and brave, couldn't resist the temptation. He reached out and pressed a bright red button in the middle of the machine. Suddenly, the machine started to shake and rattle, and a loud whistle echoed through the shed. Alfons jumped back and stared wide-eyed as the machine slowly began to change.

Before his eyes, the machine began to shrink, the gears spun faster and faster until they were no longer visible, and the machine became a small, shiny box. On the lid of the box was a small key. Alfons picked up the key and carefully opened the box.

Inside the box was a collection of small, colorful balls, each with a little label. One ball was labeled "Invisibility," another "Flight," and a third "Animal Talk." Alfons quickly realized what he had found—magical balls that granted special powers!

He could hardly contain his excitement. Alfons stuffed the balls into his backpack and ran home, with a thousand ideas spinning in his head about what he could do with his newfound powers. But he also knew that with great power comes great responsibility, and Alfons was determined to use the balls wisely.

The next day at school, Alfons could barely wait to try his first ball. He chose "Invisibility," and as he rolled the ball in his hands, he suddenly disappeared! He sneaked around the classroom, doing little funny things like lifting pencils off his classmates' desks or flipping the teacher's book upside down.

Everyone wondered what was going on, but no one could figure out that mischievous Alfons was behind it all. But Alfons also used his new powers for good. When one of his friends was being bullied on the playground, Alfons turned invisible and gave the bullies a friendly nudge so they stopped. No one was hurt, and Alfons' friends were pleasantly surprised at how the bullies suddenly seemed to become nice.

Days went by, and Alfons continued to discover new ways to use his magical balls. He became best friends with a magpie by using the "Animal Talk" ball and got it to steal cookies from the bakery—but only to give them to kids who couldn't afford them. With the "Flight" ball, he helped the firefighters put out a fire by flying up and pouring water from the clouds above.

Alfons soon learned that the most fun part of having powers wasn't playing pranks, but helping others and making the world a better place.

And so Alfons became the town's little hero, even though no one really knew that he was behind all the strange and wonderful events.

One day, when Alfons went back to the shed to return the box, he noticed that the machine was no longer there. Instead, there stood an old, withered tree. Alfons smiled to himself because he knew that even though the machine was gone, he would always have the memories of his adventure—and maybe a little bit of the magic too.

And who knows? Maybe there's another mischievous rascal out there who will find a mysterious machine and discover a world full of possibilities and joy.

The end.

Den Oemotståndliga Fisken

I en liten stad vid en stor, glittrande sjö, fanns det en pojke som hette Viggo. Viggo var inte som alla andra barn i staden. Han hade en passion som ingen annan delade—han älskade fiskar. Men inte bara vanliga fiskar som gädda och abborre, utan Viggo var fascinerad av den mest sällsynta fisken i sjön: den Oemotståndliga Fisken.

Den Oemotståndliga Fisken var en legend i staden. Ingen hade någonsin sett den, men det sades att den var enorm och hade fjäll som skimrade i alla regnbågens färger. Det fanns också rykten om att fisken kunde uppfylla en önskan för den som lyckades fånga den. Såklart var det många som hade försökt fånga den, men ingen hade någonsin lyckats.

Varje dag efter skolan, istället för att spela fotboll eller cykla med de andra barnen, brukade Viggo gå ner till sjön med sitt gamla metspö och en hink med mask. Han satt där i timmar, tittade ut över det glittrande vattnet och drömde om dagen då han skulle fånga den Oemotståndliga Fisken. Hans föräldrar och lärare trodde att det bara var en fas, men för Viggo var det mer än så. Det var ett äventyr som väntade på honom.

En solig eftermiddag när Viggo satt på sin vanliga plats vid sjön, hörde han ett fnissande bakom sig. Han vände sig om och såg tre av skolans mest populära barn: Emma, Max och Hugo. De var alltid tillsammans och hade ett rykte om sig att vara de roligaste och mest äventyrliga barnen i skolan. Men idag verkade de mer intresserade av Viggo och hans fiske.

"Vad gör du här, Viggo?" frågade Emma med ett litet leende på läpparna.

"Jag försöker fånga den Oemotståndliga Fisken," svarade Viggo utan att tveka.

Max och Hugo började skratta, men Emma lade huvudet på sned och sa, "Tror du verkligen att den finns?"

"Det vet jag att den gör," sa Viggo bestämt. "Och en dag kommer jag att fånga den."

De tre barnen bytte blickar och sedan viskade något till varandra innan Emma sa, "Om du tror så mycket på den, kanske du vill gå med i vår hemliga klubb?"

Viggo blev förvånad. Han hade hört talas om den hemliga klubben, men aldrig trott att han skulle bli inbjuden att gå med. "Vad gör ni i klubben?" frågade han nyfiket.

"Vi utforskar staden och letar efter äventyr," sa Max och höjde ögonbrynen som om han försökte göra det hela ännu mer mystiskt. "Men det finns en regel. Du måste ha något unikt att bidra med till klubben."

"Ja," la Hugo till. "Och om du verkligen tror på den där fisken, kanske det är dags att bevisa det."

Viggo kände en blandning av spänning och osäkerhet, men han ville verkligen gå med i klubben. "Okej," sa han till slut. "Jag ska fånga den Oemotståndliga Fisken, och ni kommer att få se att den är på riktigt."

Barnen log, och Emma sa, "Vi väntar här imorgon eftermiddag. Om du har fisken med dig, är du med i klubben."

Resten av dagen och hela natten kunde Viggo inte tänka på annat än utmaningen han hade fått. Han visste att det skulle vara svårt, men han var fast besluten att lyckas.

Nästa morgon steg han upp innan solen, packade sin ryggsäck med det nödvändigaste och gick ner till sjön. Den låg spegelblank under morgondiset, och Viggo kände en pirrande känsla i magen. Idag var dagen då allt skulle förändras.

Han satte sig på sin vanliga plats, drog upp sin fiskelina och började vänta. Timmarna gick, och det enda han fick var några småfiskar som han försiktigt släppte tillbaka i sjön. Men Viggo gav inte upp. Han visste att om han bara hade tålamod skulle fisken till slut visa sig.

Plötsligt, när solen började sjunka ner bakom träden, kände Viggo ett kraftigt ryck i linan. Hans hjärta rusade, och han höll hårt i spöet. Något stort kämpade i vattnet, och Viggo visste att det var den Oemotståndliga Fisken.

Det var en kamp som kändes som att den pågick i timmar, men till slut såg han en skugga i vattnet. När fisken bröt ytan, tappade Viggo nästan andan. Den var ännu vackrare än han någonsin kunnat föreställa sig, med fjäll som glittrade i alla regnbågens färger och ögon som lyste med en mystisk glans.

Viggo drog försiktigt in fisken mot stranden och kunde knappt tro sina ögon när den låg framför honom på gräset. Det var verkligen den Oemotståndliga Fisken. Han böjde sig ner och såg att fisken inte verkade rädd utan tittade på honom som om den väntade på något.

"Så det är sant," viskade Viggo. "Du kan uppfylla en önskan."

Fisken blinkade långsamt som om den gav sitt medgivande. Viggo tänkte noga efter. Han kunde önska sig vad som helst, men när han såg på fisken, insåg han att det enda han verkligen ville var att visa de andra barnen att den Oemotståndliga Fisken verkligen fanns—inte för att imponera på dem, utan för att dela sitt äventyr.

"Jag önskar att du kan följa med mig till klubben imorgon så att de andra kan se dig," sa Viggo till slut. Fisken blinkade igen, och med en mjuk svängning av sin stjärtfena verkade den försvinna i luften som om den var gjord av dimma.

Viggo stod kvar på stranden, undrande om allt bara varit en dröm, men när han såg på sina händer, var de täckta av ett svagt glitter—som om fisken hade lämnat ett litet spår av sin magi efter sig.

Nästa eftermiddag samlades Viggo och de tre klubbmedlemmarna vid sjön. Viggo stod nervöst med sitt metspö medan de andra såg på honom med blandad förväntan och skepsis.

"Okej, Viggo," sa Emma. "Visa oss din magiska fisk."

Viggo tog ett djupt andetag och kastade linan i vattnet. För en stund hände ingenting, och Viggo började känna en klump av oro i magen. Men så, precis när han var på väg att ge upp, hördes ett plaskande ljud, och den Oemotståndliga Fisken hoppade upp ur vattnet och landade vid Viggos fötter.

Emma, Max och Hugo stirrade med vidöppna ögon på den vackra fisken som låg och sprattlade på marken. De kunde inte tro sina ögon, och en märklig tystnad föll över gruppen.

"Jag sa ju att den fanns," sa Viggo med ett litet leende. Han visste att detta ögonblick skulle förändra allt.

Emma var den första att bryta tystnaden. "Viggo, du har verkligen gjort det. Du är med i klubben, och den här fisken... den är otrolig!"

Max och Hugo nickade häftigt, fortfarande oförmögna att prata. Det var tydligt att de var djupt imponerade.

Viggo kände en våg av stolthet och lättnad skölja över sig. Han hade inte bara bevisat att den Oemotståndliga Fisken fanns, utan han hade också visat att han kunde vara en del av den hemliga klubben på sitt eget sätt. Han hade vunnit deras respekt och vänskap.

Efter att ha betraktat fisken en stund, släppte Viggo försiktigt tillbaka den i sjön. Fisken simmade bort, men inte utan att först ge Viggo en sista blinkning—som ett tecken på att deras äventyr inte var slut än.

Från den dagen var Viggo en fullvärdig medlem i den hemliga klubben, och tillsammans utforskade de staden, upptäckte nya hemligheter och hade otaliga äventyr. Men för Viggo skulle inget av dessa äventyr vara lika speciellt som den dagen han fångade den Oemotståndliga Fisken.

Slut.

The Irresistible Fish

In a small town by a large, sparkling lake, there lived a boy named Viggo. Viggo was not like the other kids in town. He had a passion that no one else shared—he loved fish. But not just any fish like pike or perch, Viggo was fascinated by the rarest fish in the lake: the Irresistible Fish.

The Irresistible Fish was a legend in the town. No one had ever seen it, but it was said to be enormous and had scales that shimmered in all the colors of the rainbow. There were also rumors that the fish could grant a wish to whoever managed to catch it. Of course, many had tried to catch it, but no one had ever succeeded.

Every day after school, instead of playing soccer or biking with the other kids, Viggo would head down to the lake with his old fishing rod and a bucket of worms. He would sit there for hours, gazing out over the sparkling water and dreaming of the day when he would catch the Irresistible Fish. His parents and teachers thought it was just a phase, but for Viggo, it was more than that. It was an adventure waiting for him.

One sunny afternoon as Viggo sat in his usual spot by the lake, he heard giggling behind him. He turned around and saw three of the most popular kids at school: Emma, Max, and Hugo. They were always together and had a reputation for being the funniest and most adventurous kids at school. But today, they seemed more interested in Viggo and his fishing.

"What are you doing here, Viggo?" Emma asked with a little smile on her lips.

"I'm trying to catch the Irresistible Fish," Viggo answered without hesitation.

Max and Hugo started to laugh, but Emma tilted her head and said, "Do you really think it exists?"

"I know it does," Viggo said firmly. "And one day, I will catch it."

The three kids exchanged glances and then whispered something to each other before Emma said, "If you believe in it so much, maybe you'd like to join our secret club?"

Viggo was surprised. He had heard about the secret club but never thought he would be invited to join. "What do you do in the club?" he asked curiously.

"We explore the town and look for adventures," Max said, raising his eyebrows as if trying to make it all the more mysterious. "But there's one rule. You have to have something unique to contribute to the club."

"Yeah," Hugo added. "And if you really believe in that fish, maybe it's time to prove it."

Viggo felt a mix of excitement and uncertainty, but he really wanted to join the club. "Okay," he finally said. "I'll catch the Irresistible Fish, and you'll see that it's real."

The kids smiled, and Emma said, "We'll be here tomorrow afternoon. If you have the fish with you, you're in the club."

The rest of the day and all night, Viggo couldn't think of anything else but the challenge he had been given. He knew it would be hard, but he was determined to succeed.

The next morning, he got up before sunrise, packed his backpack with the essentials, and headed down to the lake. It lay still under the morning mist, and Viggo felt a tingling sensation in his stomach. Today was the day everything would change.

He sat in his usual spot, cast his line, and began to wait. Hours passed, and all he caught were a few small fish, which he carefully released back into the lake. But Viggo didn't give up. He knew that if he was patient, the fish would eventually reveal itself.

Suddenly, as the sun began to dip behind the trees, Viggo felt a strong tug on his line. His heart raced, and he held tightly to the rod. Something big was struggling in the water, and Viggo knew it was the Irresistible Fish.

It was a battle that felt like it lasted for hours, but finally, he saw a shadow in the water. When the fish broke the surface, Viggo almost lost his breath. It was even more beautiful than he had ever imagined, with scales that glittered in all the colors of the rainbow and eyes that shone with a mysterious light.

Viggo carefully reeled the fish in toward the shore and could hardly believe his eyes when it lay before him on the grass. It was truly the Irresistible Fish. He bent down and saw that the fish didn't seem afraid but looked at him as if it were waiting for something.

"So it's true," Viggo whispered. "You can grant a wish."

The fish blinked slowly as if it was giving its approval. Viggo thought carefully. He could wish for anything, but when he looked at the fish, he realized that the only thing he really wanted was to show the other kids that the Irresistible Fish was real—not to impress them, but to share his adventure.

"I wish you could come with me to the club tomorrow so the others can see you," Viggo finally said. The fish blinked again, and with a gentle swish of its tail, it seemed to disappear into the air as if it were made of mist.

Viggo stood by the shore, wondering if it had all just been a dream, but when he looked at his hands, they were covered in a faint glitter—as if the fish had left a little trace of its magic behind.

The next afternoon, Viggo and the three club members gathered by the lake. Viggo stood nervously with his fishing rod while the others watched him with a mix of anticipation and skepticism.

"Okay, Viggo," Emma said. "Show us your magical fish."

Viggo took a deep breath and cast his line into the water. For a moment, nothing happened, and Viggo began to feel a knot of worry in his stomach. But then, just as he was about to give up, there was a splashing sound, and the Irresistible Fish jumped out of the water and landed at Viggo's feet.

Emma, Max, and Hugo stared wide-eyed at the beautiful fish that lay flapping on the ground. They couldn't believe their eyes, and a strange silence fell over the group.

"I told you it was real," Viggo said with a small smile. He knew this moment would change everything.

Emma was the first to break the silence. "Viggo, you've really done it. You're in the club, and this fish... it's incredible!"

Max and Hugo nodded vigorously, still too stunned to speak. It was clear that they were deeply impressed.

Viggo felt a wave of pride and relief wash over him. He had not only proven that the Irresistible Fish existed, but he had also shown that he could be part of the secret club in his own way. He had earned their respect and friendship.

After admiring the fish for a while, Viggo gently released it back into the lake. The fish swam away, but not before giving Viggo one last wink—as a sign that their adventure was not over yet.

From that day on, Viggo was a full member of the secret club, and together they explored the town, discovered new secrets, and had countless adventures. But for Viggo, none of these adventures would ever be as special as the day he caught the Irresistible Fish.

The end.

Elvira och Den Magiska Måltiden

Elvira var en helt vanlig flicka, med en helt vanlig familj och ett helt vanligt hus i en helt vanlig stad. Men det var en sak som var allt annat än vanlig med Elvira—hon var en extremt kräsen ätare. Faktum är att hon vägrade äta nästan allt. Morötter? Nej tack! Broccoli? Absolut inte! Till och med pannkakor, som de flesta barn älskade, rynkade hon på näsan åt.

Elviras föräldrar var desperata. De hade försökt med allt för att få henne att äta nyttig mat. De hade lagat rätter från alla möjliga kök, gömt grönsaker i såser, och till och med försökt muta henne med glass till efterrätt om hon åt sin middag. Men inget fungerade.

"Vad ska vi göra med henne?" suckade Elviras mamma en kväll när de satt vid middagsbordet, där Elvira bara petade i sin mat som vanligt.

"Jag vet inte," svarade Elviras pappa. "Kanske borde vi bara låta henne vara? Hon blir väl hungrig till slut."

Men Elvira blev aldrig hungrig nog för att äta något annat än sina favoriter: choklad, pommes frites och godis. Och snart började hon bli blek och trött. Det var då hennes föräldrar insåg att något måste göras—och det var bråttom.

Så en dag bestämde de sig för att ta med Elvira till en mycket speciell plats, en plats som få hade hört talas om. Det var ett litet bageri i utkanten av staden, som låg gömt mellan två gamla, skruttiga hus. Skylten på bageriet var nästan oläslig, och det såg ut som om ingen hade varit där på många år.

"Varför är vi här?" frågade Elvira skeptiskt när de närmade sig bageriet.

"Vi har hört att de kanske kan hjälpa dig med ditt problem," svarade hennes pappa hemlighetsfullt.

När de gick in genom dörren, möttes de av en underlig syn. Bakom disken stod en gammal dam med ett brett leende på läpparna. Hon hade en stor, spetsig hatt på huvudet och en klänning som såg ut att vara gjord av färgglada tygstycken. Men det märkligaste av allt var den doft som fyllde rummet—en blandning av nybakat bröd, frukt och något annat, något som Elvira inte kunde sätta fingret på.

"Hej, kära ni!" sa den gamla damen med en röst som var lika söt som sockervadd. "Vad kan jag hjälpa er med idag?"

Elviras föräldrar utbytte en snabb blick innan hennes mamma steg fram. "Vår dotter, Elvira, är en väldigt kräsen ätare," förklarade hon. "Vi har försökt allt, men inget fungerar. Vi har hört att du kanske har något som kan hjälpa?"

Den gamla damen skrattade mjukt och nickade. "Jag förstår," sa hon och böjde sig ner bakom disken. "Men ni förstår, ibland är problemet inte vad man äter, utan hur man äter det." Hon dök upp igen med en liten, sliten kokbok i händerna. "Den här boken har tillhört min familj i generationer. Den innehåller recept som kan göra måltider till något magiskt!"

Elvira tittade misstänksamt på kokboken. "Magisk mat? Det låter löjligt," muttrade hon.

Men den gamla damen log bara och skakade på huvudet. "Prova det, kära du. Du har inget att förlora, eller hur?"

Elviras föräldrar tackade damen och tog kokboken med sig hem. När de kom hem, började de genast att bläddra i den. Recepten var ovanliga, minst sagt. Det fanns ett recept på "Dansande soppa", en annan på

"Sjungande spaghetti", och en tredje på "Flygande pannkakor". De bestämde sig för att börja med något enkelt—"Självlysande grönsakspaj".

Nästa dag, när Elvira kom hem från skolan, möttes hon av en märklig syn. Hennes mamma stod i köket, omgiven av grönsaker som verkade skimra i regnbågens alla färger.

"Vad är det där?" frågade Elvira, misstänksam som alltid.

"Det är middag," svarade hennes mamma glatt. "Jag tänkte prova ett nytt recept."

Elvira rynkade på näsan, men hennes mamma insisterade på att hon skulle smaka. Till slut gav hon motvilligt efter och tog en liten tugga. Men så fort hon gjorde det, hände något märkligt. Hennes smaklökar exploderade i en symfoni av smaker—sött, surt, salt och något hon inte kunde beskriva, men som var helt underbart.

"Vad är det här?" frågade Elvira förvånad och tog en till tugga.

"Det är vår nya hemliga ingrediens," svarade hennes pappa med ett flin.

Från den dagen började Elviras matvanor förändras. Varje kväll lagade hennes föräldrar något nytt från den magiska kokboken. Och varje gång blev Elvira lika överraskad och förtjust. Hennes tidigare så tråkiga tallrikar förvandlades till färgglada mästerverk som kunde dansa, sjunga och till och med flyga. Snart började hon längta efter middagstid, något hon aldrig trodde skulle hända.

En kväll, när familjen satt vid bordet och åt "Magiska muffins", tittade Elvira på sina föräldrar och log. "Jag trodde aldrig att jag skulle säga det här, men... jag älskar mat!"

Hennes föräldrar skrattade och nickade. "Vi är så glada att du har hittat tillbaka till matglädjen," sa hennes mamma och strök henne över håret.

Men det var en sak som oroade Elvira. Ju mer hon använde kokboken, desto mer märkte hon att den började tappa sin glans. Sidorna blev alltmer slitna, och texten började blekna.

En kväll när hon satt hemma och bläddrade i boken, kom den gamla damens ord tillbaka till henne: "Ibland är problemet inte vad man äter, utan hur man äter det." Plötsligt insåg Elvira vad det betydde. Magin i maten kom inte bara från kokboken, utan från glädjen och kärleken hon lade ner i att laga maten och dela den med andra.

Nästa dag gick hon tillbaka till bageriet med kokboken i händerna. Den gamla damen mötte henne med sitt varma leende.

"Jag tror att det är dags att lämna tillbaka den här," sa Elvira och räckte över boken.

Den gamla damen nickade och tog emot den. "Du har förstått det viktigaste, kära du," sa hon mjukt. "Magin finns inom dig. Kokboken var bara en liten hjälp på vägen."

Elvira log och kände sig lättad. Hon hade inte längre behov av kokboken för att laga magisk mat. Hon visste nu att hon kunde skapa underbara måltider på egen hand, så länge hon hade glädje och kärlek i sitt hjärta.

Och så levde Elvira lycklig i alla sina dagar, inte längre kräsen, utan nyfiken på allt nytt och spännande som livet hade att erbjuda—både på tallriken och bortom den.

Slut.

Elvira and the Magical Meal

Elvira was an ordinary girl, with an ordinary family, living in an ordinary house in an ordinary town. But there was one thing that was anything but ordinary about Elvira—she was an extremely picky eater. In fact, she refused to eat almost everything. Carrots? No, thank you! Broccoli? Absolutely not! Even pancakes, which most kids loved, made her wrinkle her nose.

Elvira's parents were desperate. They had tried everything to get her to eat healthy food. They had cooked dishes from all kinds of cuisines, hidden vegetables in sauces, and even tried bribing her with ice cream for dessert if she ate her dinner. But nothing worked.

"What are we going to do with her?" sighed Elvira's mother one evening as they sat at the dinner table, where Elvira was picking at her food as usual.

"I don't know," replied Elvira's father. "Maybe we should just let her be? She'll get hungry eventually."

But Elvira never got hungry enough to eat anything other than her favorites: chocolate, fries, and candy. And soon, she began to look pale and tired. That's when her parents realized something had to be done—and quickly.

So one day, they decided to take Elvira to a very special place, a place few had heard of. It was a small bakery on the edge of town, hidden between two old, ramshackle houses. The sign on the bakery was almost illegible, and it looked like no one had been there for years.

"Why are we here?" asked Elvira skeptically as they approached the bakery.

"We've heard they might be able to help you with your problem," her father answered mysteriously.

When they walked through the door, they were greeted by a strange sight. Behind the counter stood an old lady with a wide smile on her lips. She wore a large, pointed hat on her head and a dress that looked like it was made of colorful patches. But the strangest thing of all was the smell that filled the room—a mix of freshly baked bread, fruit, and something else, something Elvira couldn't quite put her finger on.

"Hello, dears!" said the old lady with a voice as sweet as cotton candy. "What can I do for you today?"

Elvira's parents exchanged a quick glance before her mother stepped forward. "Our daughter, Elvira, is a very picky eater," she explained. "We've tried everything, but nothing works. We've heard that you might have something that can help?"

The old lady laughed softly and nodded. "I understand," she said and bent down behind the counter. "But you see, sometimes the problem isn't what you eat, but how you eat it." She reappeared with a small, worn-out cookbook in her hands. "This book has been in my family for generations. It contains recipes that can make meals something magical!"

Elvira looked skeptically at the cookbook. "Magical food? That sounds silly," she muttered.

But the old lady just smiled and shook her head. "Try it, dear. You have nothing to lose, do you?"

Elvira's parents thanked the lady and took the cookbook home with them. As soon as they got home, they began flipping through it. The recipes were unusual, to say the least. There was a recipe for "Dancing Soup," another for "Singing Spaghetti," and a third for "Flying Pancakes." They decided to start with something simple—"Glowing Vegetable Pie."

The next day, when Elvira came home from school, she was greeted by a strange sight. Her mother was in the kitchen, surrounded by vegetables that seemed to shimmer in all the colors of the rainbow.

"What is that?" asked Elvira, as suspicious as always.

"It's dinner," her mother replied cheerfully. "I thought I'd try a new recipe."

Elvira wrinkled her nose, but her mother insisted she try it. Finally, she reluctantly gave in and took a small bite. But as soon as she did, something strange happened. Her taste buds exploded in a symphony of flavors—sweet, sour, salty, and something she couldn't describe, but that was absolutely wonderful.

"What is this?" asked Elvira in surprise and took another bite.

"It's our new secret ingredient," her father replied with a grin.

From that day on, Elvira's eating habits began to change. Every evening, her parents cooked something new from the magical cookbook. And each time, Elvira was just as surprised and delighted. Her once boring plates were transformed into colorful masterpieces that could dance, sing, and even fly. Soon, she began to look forward to dinner time, something she never thought would happen.

One evening, as the family sat at the table eating "Magical Muffins," Elvira looked at her parents and smiled. "I never thought I'd say this, but... I love food!"

Her parents laughed and nodded. "We're so glad you've found the joy of food again," her mother said, stroking her hair.

But there was one thing that worried Elvira. The more she used the cookbook, the more she noticed that it was losing its luster. The pages became increasingly worn, and the text began to fade.

One evening as she sat at home flipping through the book, the old lady's words came back to her: "Sometimes the problem isn't what you eat, but how you eat it." Suddenly, Elvira realized what it meant. The magic in the food didn't just come from the cookbook, but from the joy and love she put into making the food and sharing it with others.

The next day, she went back to the bakery with the cookbook in her hands. The old lady met her with her warm smile.

"I think it's time to return this," Elvira said, handing over the book.

The old lady nodded and accepted it. "You've learned the most important lesson, dear," she said softly. "The magic is within you. The cookbook was just a little help along the way."

Elvira smiled, feeling relieved. She no longer needed the cookbook to make magical food. She now knew she could create wonderful meals on her own, as long as she had joy and love in her heart.

And so Elvira lived happily ever after, no longer picky, but curious about everything new and exciting that life had to offer—both on the plate and beyond.

The End.

Ludvig och Den Magiska Fjäderpennan

I den lilla byn Rävskogen bodde en pojke vid namn Ludvig. Ludvig var en livlig och nyfiken pojke med en speciell förmåga att drömma stort. Han älskade att läsa och skriva, men det var inte bara vanliga berättelser han var intresserad av—han drömde om att skapa sina egna fantastiska världar, där allt var möjligt.

En dag när Ludvig var på väg hem från skolan, passerade han den gamla antikaffären i byns hörn. Det var en plats han alltid hade varit nyfiken på, men som han aldrig tidigare hade vågat gå in i. Det var något mystiskt och lockande med den butiken, som om den höll på en hemlighet som bara väntade på att bli upptäckt.

Med ett djupt andetag tog Ludvig mod till sig och öppnade den knarrande dörren. Inuti butiken var det dunkelt och fyllt med allehanda märkliga föremål—gamla kartor, mystiska böcker och glänsande krimskrams. Men det var något speciellt som fångade Ludvigs öga: en gammal fjäderpenna som låg i en liten glaskupa på disken.

Den gamla butiksägaren, en gammal dam med grått hår och ett vänligt leende, såg Ludvig stirra på fjäderpennan och kom fram till honom.

"Intresserad av något speciellt, unge man?" frågade hon med en nyfiken blick.

Ludvig nickade. "Ja, vad är det där för något?" pekade han på fjäderpennan.

Damens ögon glittrade. "Ah, det där är ingen vanlig fjäderpenna. Det är en magisk fjäderpenna. Den kan förvandla vad du skriver till verklighet."

Ludvig blev förbluffad. "Verklighet? Hur är det möjligt?"

Den gamla damen nickade. "Det är en gammal hemlighet. Men det finns en regel: du måste använda den med ett rent hjärta och goda intentioner. Annars kan den skapa mer kaos än glädje."

Ludvig var överväldigad. Han hade alltid velat skapa sina egna världar och berättelser, och nu hade han en chans att göra det på riktigt. Han frågade damen om han kunde få köpa fjäderpennan, men hon skakade på huvudet.

"Den är inte till salu," sa hon. "Men jag kan låna den till dig, om du lovar att vara ansvarig."

Ludvig lovade och tog försiktigt emot fjäderpennan. Han kunde knappt vänta med att komma hem och börja skriva. När han kom hem till sitt rum, satte han sig vid sitt skrivbord och började tänka på vad han skulle skapa.

Han ville skapa en värld där alla hans drömmar blev verklighet, en plats fylld med magi, äventyr och underbara varelser. Med fjäderpennan i handen började Ludvig skriva om en fantastisk skog där träd kunde prata och blommor sjöng melodier. Han skrev om en majestätisk drake som hade en regnbåge av fjädrar och en vänlig trollkarl som kunde förvandla sten till guld.

När Ludvig avslutade sin berättelse och satte fjäderpennan ned på skrivbordet, blev han förvånad över att se att texten på papperet började lysa och sväva upp i luften. Plötsligt började hans rum fyllas med ett mjukt ljus, och en märklig sak hände—en av blommorna i hans berättelse materialiserades i hans rum och började sjunga en vacker sång.

Ludvig skrattade av glädje och förvåning. Det fungerade! Hans drömmar hade blivit verklighet. Han fortsatte att skriva, och snart hade han en hel värld av magi som fyllte hans rum—träd som pratade, fjärilar som glittrade och små, vänliga trollkarlar som flög runt i luften.

Men med magin kom också några problem. En dag, när Ludvig hade skrivit om en drake som plötsligt blev lite för verklig, började draken orsaka kaos i hans rum. Den flög runt och blåste eld överallt. Ludvig försökte snabbt skriva om draken för att få den att försvinna, men det var för sent—draken hade redan blivit för stor för att rymmas i hans rum.

Ludvig insåg att han behövde göra något för att städa upp efter sitt kaos. Han skrev snabbt en ny berättelse om hur draken skulle kunna bli snäll och återvända till sin magiska värld. Det tog ett tag, men till slut lyckades han få draken att försvinna och lugnet återvände till hans rum.

Efter den händelsen började Ludvig använda fjäderpennan mer försiktigt. Han lärde sig att vara noggrann med vad han skrev och att tänka efter innan han skrev något som kunde bli för verkligt. Han skapade små äventyr som gjorde honom och hans vänner glada, utan att orsaka för mycket kaos.

Men snart började Ludvig märka att fjäderpennan blev allt mer sliten. Det kändes som om den hade använts för mycket. Han visste att det var dags att återlämna den till den gamla damen. Han kände en blandning av sorg och tacksamhet—sorg över att behöva skiljas från fjäderpennan, men tacksamhet över de fantastiska upplevelser han hade haft.

En eftermiddag gick Ludvig tillbaka till antikaffären. Den gamla damen var där och såg vänligt på honom när han kom in med fjäderpennan i handen.

"Så, du är tillbaka," sa hon med ett leende. "Hur har det gått med fjäderpennan?"

Ludvig berättade om sina äventyr och hur han hade delat fjäderpennan med sina vänner. Han visade damen den slitna fjäderpennan och sa att det kanske var dags för den att gå vidare.

Den gamla damen nickade och tog emot fjäderpennan. "Du har använt den väl, Ludvig. Du har lärt dig att balansera magin med ansvar. Det är en viktig läxa."

Och så levde Ludvig lycklig i alla sina dagar, fylld med glädje och kreativitet, alltid på jakt efter nya berättelser och äventyr att utforska—utan magiska fjäderpennor, men med ett hjärta fullt av inspiration och magi.

Slut.

Ludwig and the Magical Quill

In the small village of Foxwood, there lived a boy named Ludwig. Ludwig was a lively and curious boy with a special knack for dreaming big. He loved to read and write, but it wasn't just ordinary stories he was interested in—he dreamed of creating his own fantastic worlds where anything was possible.

One day, as Ludwig was walking home from school, he passed by the old antique shop at the corner of the village. It was a place he had always been curious about but had never dared to enter before. There was something mysterious and alluring about the shop, as if it held a secret just waiting to be discovered.

Taking a deep breath, Ludwig gathered his courage and opened the creaky door. Inside the shop, it was dimly lit and filled with all sorts of strange objects—old maps, mysterious books, and shiny trinkets. But it was something special that caught Ludwig's eye: an old quill pen lying inside a small glass case on the counter.

The elderly shopkeeper, a kind-faced old woman with gray hair and a warm smile, noticed Ludwig staring at the quill and came over to him.

"Interested in something special, young man?" she asked with a curious glint in her eye.

Ludwig nodded. "Yes, what is that?" he pointed to the quill.

The old woman's eyes sparkled. "Ah, that's no ordinary quill. It's a magical quill. It can turn whatever you write into reality."

Ludwig was astonished. "Reality? How is that possible?"

The old woman nodded. "It's an old secret. But there's a rule: you must use it with a pure heart and good intentions. Otherwise, it might create more chaos than joy."

Ludwig was thrilled. He had always wanted to create his own worlds and stories, and now he had a chance to do it for real. He asked the woman if he could buy the quill, but she shook her head.

"It's not for sale," she said. "But I can lend it to you if you promise to be responsible."

Ludwig promised and carefully took the quill. He could hardly wait to get home and start writing. When he got home to his room, he sat down at his desk and began to think about what he would create.

He wanted to create a world where all his dreams came true, a place filled with magic, adventure, and wonderful creatures. With the quill in hand, Ludwig began writing about a fantastic forest where trees could talk and flowers sang melodies. He wrote about a majestic dragon with a rainbow of feathers and a friendly wizard who could turn stones into gold.

As Ludwig finished his story and set the quill down on his desk, he was amazed to see the text on the paper begin to glow and float into the air. Suddenly, his room was filled with a soft light, and something strange happened—a flower from his story materialized in his room and began to sing a beautiful song.

Ludwig laughed with joy and amazement. It worked! His dreams had come true. He continued writing, and soon his room was filled with a magical world—talking trees, glittering butterflies, and little friendly wizards flying around.

But with the magic came some problems too. One day, when Ludwig had written about a dragon that suddenly became a bit too real, the dragon started causing chaos in his room. It flew around and breathed fire everywhere. Ludwig quickly tried to write about how to make the dragon go away, but it was too late—the dragon had already become too big to fit in his room.

Ludwig realized he needed to do something to clean up the mess. He quickly wrote a new story about how the dragon could become kind and return to its magical world. It took some time, but eventually, he managed to get the dragon to disappear, and peace returned to his room.

After that incident, Ludwig began using the quill more carefully. He learned to be precise with what he wrote and to think before writing anything that could become too real. He created small adventures that made him and his friends happy, without causing too much chaos.

But soon, Ludwig began to notice that the quill was becoming quite worn out. It felt as though it had been used too much. He knew it was time to return it to the old woman. He felt a mix of sadness and gratitude—sad to part with the quill but grateful for the amazing experiences he had had.

One afternoon, Ludwig went back to the antique shop. The old woman was there and greeted him warmly as he entered with the quill in hand.

"So, you're back," she said with a smile. "How did it go with the quill?"

Ludwig told her about his adventures and how he had shared the quill with his friends. He showed her the worn quill and said it might be time for it to move on.

The old woman nodded and took the quill. "You've used it well, Ludwig. You've learned to balance magic with responsibility. It's an important lesson."

And so, Ludwig lived happily ever after, filled with joy and creativity, always on the lookout for new stories and adventures to explore—without magical quills, but with a heart full of inspiration and magic.

The End.

36

Otto och Den Mystiska Godismaskinen

I en liten stad, där alla kände varandra och ingenting någonsin verkade förändras, bodde en pojke vid namn Otto. Otto var precis som alla andra barn på ytan—han gick i skolan, lekte med sina vänner och älskade att äta godis. Men Otto hade en hemlig dröm som var allt annat än vanlig. Han drömde om att äga en godismaskin. Men inte vilken som helst, utan en som kunde skapa alla sorters godis i världen.

Varje kväll, när Otto låg i sin säng och blundade, föreställde han sig hur det skulle vara att ha en sådan maskin. Han tänkte på alla möjliga sorter av godis—sura karameller, chokladpraliner, lakritsremmar och geléhallon—som han kunde få direkt ur maskinen. Tänk om han kunde bli stadens godismästare, den som alla barn kom till för att få sitt favoritgodis!

Men det var en dröm som verkade långt borta. Otto hade knappt några pengar, och hans föräldrar hade inte råd att köpa dyra maskiner. Men Otto var inte en pojke som gav upp sina drömmar så lätt.

En dag, när Otto var på väg hem från skolan, märkte han något nytt i stadens lilla leksaksbutik. Det var en stor, skinande maskin som stod mitt i butiken. Den såg ut som en godismaskin, men mycket mer avancerad. Den var täckt av blänkande knappar, snurrande hjul och en stor lucka i mitten där godiset skulle komma ut. Och högst upp på maskinen fanns en skylt som löd: "Den Mystiska Godismaskinen—Skapar Ditt Drömgodis!"

Otto kunde knappt tro sina ögon. Det här var precis vad han hade drömt om! Han sprang in i butiken och frågade butiksägaren, en gammal man med vitt hår och runda glasögon, om maskinen.

"Vad är det här för en maskin?" frågade Otto nyfiket.

Den gamla mannen log mystiskt. "Det är en mycket speciell maskin," sa han. "Den kan skapa vilket godis som helst—men bara om du vet hur du ska använda den."

Otto stirrade på maskinen med stora ögon. "Hur mycket kostar den?"

Den gamla mannen skakade på huvudet. "Den är inte till salu. Men jag kan låna ut den till dig, om du lovar att följa reglerna."

"Regler?" frågade Otto, och hans hjärta slog snabbare. Han var villig att göra vad som helst för att få prova maskinen.

"Ja," svarade den gamla mannen allvarligt. "Regel nummer ett: Du får bara använda maskinen en gång per dag. Regel nummer två: Du måste vara väldigt specifik med vad du önskar dig. Regel nummer tre: Du får inte överanvända maskinen—om du gör det, kan den börja bete sig konstigt."

Otto nickade ivrigt. "Jag lovar att följa reglerna! Kan jag ta hem den idag?"

Den gamla mannen skrattade och rullade maskinen fram till kassan. "Var försiktig, Otto. Den här maskinen är inte som andra."

Otto tog maskinen hem, och så fort han kom innanför dörren satte han sig ner och började utforska den. Han kände sig som en riktig uppfinnare när han vred på hjulen och tryckte på knapparna. Till slut var han redo att göra sin första beställning.

"Jag vill ha en stor påse med sura karameller som aldrig tar slut!" sa Otto högt och tydligt. Han tryckte på den största knappen och väntade spänt.

Maskinen började surra och blinka, och snart rullade en liten påse ut ur luckan. Otto öppnade påsen och plockade upp en karamell. Den var precis så sur som han hoppats på, och den smälte långsamt i hans mun. Men det mest fantastiska var att varje gång han tog en ny karamell, verkade påsen aldrig bli tom!

Otto var överlycklig. Han sprang ut på gatan och delade ut karameller till alla barnen i grannskapet. Alla var imponerade och undrade var han hade fått dem ifrån, men Otto höll maskinen hemlig. Det var hans lilla skatt.

Nästa dag bestämde Otto sig för att prova något nytt. Han satte sig framför maskinen och funderade noggrant. "Jag vill ha en gigantisk chokladboll, så stor att jag kan rulla den som en boll!" sa han och tryckte på knappen.

Återigen började maskinen surra och blinka, och ut kom en chokladboll så stor att den knappt fick plats i hans rum. Otto kunde inte tro sina ögon. Han rullade den ut på gatan, och snart samlades alla barn för att hjälpa till att äta den. Det var en fest som ingen skulle glömma.

Men Otto började märka något konstigt. Varje gång han använde maskinen, verkade den bli lite mer oberäknelig. Den tredje dagen, när han önskade sig en påse med geléhallon, kom det ut en påse med geléhallon som studsade runt i hela rummet och var omöjliga att fånga. Och på den fjärde dagen, när han önskade sig en lakritsrem så lång att den sträckte sig över hela staden, började den slingra sig runt som en orm och vägrade att hålla sig stilla.

Otto började bli orolig. Han kom ihåg vad den gamla mannen hade sagt om att överanvända maskinen. Men samtidigt kunde han inte låta bli att undra vad mer han kunde få fram ur den. Tänk om han önskade sig något riktigt stort och fantastiskt?

Den femte dagen bestämde sig Otto för att göra det största och mest spektakulära önskemålet hittills. Han satte sig ner framför maskinen, tog ett djupt andetag och sa: "Jag vill ha en regnbåge av godis som sträcker sig över hela himlen!"

Han tryckte på knappen och maskinen började surra högre än någonsin tidigare. Den blinkade i alla möjliga färger, och plötsligt började den skaka våldsamt. Otto backade ett steg, och innan han visste ordet av exploderade maskinen med ett högt BANG!

Godisbitar av alla möjliga slag flög upp i luften och regnade ner över hela staden. Det var precis som Otto hade föreställt sig—en regnbåge av godis, men den var överallt! Barnen sprang ut på gatorna och skrattade, plockade upp godis från marken och från hustaken. Det var kaos, men ett underbart kaos.

Men Otto var inte lika glad. Han såg på den förstörda maskinen med sorg i blicken. Han hade önskat sig för mycket, och nu var maskinen förstörd. Hur skulle han kunna fixa det här?

Då kom han ihåg den gamla mannens varning. Han måste gå tillbaka till butiken och berätta vad som hade hänt. Med maskindelar i famnen skyndade han sig till leksaksbutiken.

När han kom fram väntade den gamla mannen redan på honom vid dörren, med ett milt leende på läpparna.

"Jag ser att maskinen hade lite för mycket att göra," sa mannen vänligt.

Otto hängde med huvudet. "Jag är ledsen," sa han. "Jag följde inte reglerna och nu är maskinen trasig."

Den gamla mannen skrattade. "Ingen fara, Otto. Maskinen är inte riktigt förstörd. Den behöver bara vila och bli reparerad. Men du har lärt dig en viktig läxa, eller hur?"

Otto nickade. "Jag har lärt mig att man inte ska överanvända något, hur frestande det än är."

Den gamla mannen klappade Otto på axeln. "Det är rätt, min pojke. Ibland är det bättre att njuta av lite istället för att vilja ha allt på en gång."

Otto hjälpte den gamla mannen att samla ihop maskindelarna, och tillsammans arbetade de på att reparera maskinen. Det tog flera dagar, men till slut var den som ny igen. Otto kände en djup respekt för maskinen och lovade sig själv att aldrig ta den för given igen.

När maskinen var reparerad, frågade den gamla mannen om Otto ville behålla den. Otto tänkte efter en stund och skakade sedan på huvudet.

"Nej, jag tror att den ska stanna här i butiken," sa han. "Jag har haft tillräckligt med magiska godisar för nu, och jag vill inte bli frestad att överanvända den igen."

Den gamla mannen log stolt. "Ett klokt beslut, Otto. Du har gjort något fantastiskt—du har lärt dig att sätta gränser för dig själv. Det är en sällsynt och värdefull insikt."

Otto gick hem den dagen utan maskinen, men med en känsla av att han hade vunnit något mycket större. Han visste nu att han inte behövde en magisk maskin för att vara lycklig. Han hade sina vänner, sin familj och en stad full av minnen av deras fantastiska godisregn.

Och ibland, när han gick förbi leksaksbutiken, kunde han svära på att han hörde maskinen surra tyst i bakgrunden, som om den väntade på nästa äventyrare som skulle komma och utforska dess hemligheter.

Slut.

Otto and the Mysterious Candy Machine

In a small town where everyone knew each other and nothing ever seemed to change, there lived a boy named Otto. Otto was just like every other child on the surface—he went to school, played with his friends, and loved to eat candy. But Otto had a secret dream that was anything but ordinary. He dreamed of owning a candy machine. But not just any candy machine, but one that could create every type of candy in the world.

Every evening, as Otto lay in bed with his eyes closed, he imagined what it would be like to have such a machine. He thought of all kinds of candy—sour candies, chocolate truffles, licorice twists, and jelly raspberries—that he could get straight from the machine. Imagine if he could become the town's candy master, the one all the children came to for their favorite treats!

But it was a dream that seemed far off. Otto barely had any money, and his parents couldn't afford expensive machines. But Otto was not a boy who gave up on his dreams easily.

One day, as Otto was walking home from school, he noticed something new in the town's small toy store. It was a large, shiny machine standing in the middle of the store. It looked like a candy machine but much more advanced. It was covered with gleaming buttons, spinning wheels, and a large hatch in the middle where the candy would come out. And at the top of the machine was a sign that read: "The Mysterious Candy Machine—Creates Your Dream Candy!"

Otto could hardly believe his eyes. This was exactly what he had dreamed of! He ran into the store and asked the shopkeeper, an old man with white hair and round glasses, about the machine.

"What is this machine?" Otto asked curiously.

The old man smiled mysteriously. "It's a very special machine," he said. "It can create any candy you wish—but only if you know how to use it."

Otto stared at the machine with wide eyes. "How much does it cost?"

The old man shook his head. "It's not for sale. But I can lend it to you, if you promise to follow the rules."

"Rules?" Otto asked, his heart racing. He was willing to do anything to try out the machine.

"Yes," replied the old man seriously. "Rule number one: You may only use the machine once a day. Rule number two: You must be very specific about what you wish for. Rule number three: You must not overuse the machine—if you do, it might start behaving oddly."

Otto nodded eagerly. "I promise to follow the rules! Can I take it home today?"

The old man laughed and rolled the machine to the counter. "Be careful, Otto. This machine is not like the others."

Otto took the machine home, and as soon as he was inside his house, he sat down and began to explore it. He felt like a real inventor as he turned the wheels and pressed the buttons. Finally, he was ready to make his first wish.

"I want a big bag of sour candies that never runs out!" Otto said loudly and clearly. He pressed the biggest button and waited anxiously.

The machine began to hum and flash, and soon a small bag rolled out of the hatch. Otto opened the bag and picked up a candy. It was exactly as sour as he had hoped, and it melted slowly in his mouth. But the most amazing thing was that every time he took a new candy, the bag never seemed to get empty!

Otto was thrilled. He ran out into the street and handed out candies to all the children in the neighborhood. Everyone was impressed and wondered where he had gotten them from, but Otto kept the machine a secret. It was his little treasure.

The next day, Otto decided to try something new. He sat in front of the machine and thought carefully. "I want a gigantic chocolate ball, so big that I can roll it like a ball!" he said and pressed the button.

Again, the machine began to hum and flash, and out came a chocolate ball so large that it barely fit in his room. Otto couldn't believe his eyes. He rolled it out into the street, and soon all the children gathered to help eat it. It was a party that no one would forget.

But Otto began to notice something strange. Every time he used the machine, it seemed to become a little more unpredictable. On the third day, when he wished for a bag of jelly raspberries, it came out as a bag of jelly raspberries that bounced around the room and were impossible to catch. And on the fourth day, when he wished for a licorice twist so long it stretched across the entire town, it started to coil around like a snake and refused to stay still.

Otto began to worry. He remembered what the old man had said about overusing the machine. But at the same time, he couldn't help but wonder what more he could conjure from it. What if he wished for something really big and spectacular?

On the fifth day, Otto decided to make the biggest and most spectacular wish yet. He sat in front of the machine, took a deep breath, and said: "I want a candy rainbow stretching across the whole sky!"

He pressed the button, and the machine started to hum louder than ever before. It flashed in every possible color, and suddenly it began to shake violently. Otto stepped back, and before he knew it, the machine exploded with a loud BANG!

Candy pieces of all kinds flew into the air and rained down over the entire town. It was exactly as Otto had imagined—a candy rainbow, but it was everywhere! The children ran out into the streets, laughing, picking up candy from the ground and rooftops. It was chaos, but a wonderful chaos.

But Otto was not as happy. He looked at the ruined machine with sorrow. He had wished for too much, and now the machine was destroyed. How was he going to fix this?

Then he remembered the old man's warning. He needed to go back to the store and tell what had happened. With machine parts in his arms, he hurried back to the toy store.

When he arrived, the old man was already waiting for him at the door, with a gentle smile on his lips.

"I see the machine had a bit too much to do," said the man kindly.

Otto hung his head. "I'm sorry," he said. "I didn't follow the rules, and now the machine is broken."

The old man laughed. "Don't worry, Otto. The machine isn't really destroyed. It just needs to rest and be repaired. But you've learned an important lesson, haven't you?"

Otto nodded. "I've learned that you shouldn't overuse something, no matter how tempting it may be."

The old man patted Otto on the shoulder. "That's right, my boy. Sometimes it's better to enjoy a little rather than wanting everything all at once."

Otto helped the old man gather the machine parts, and together they worked on repairing the machine. It took several days, but eventually, it was as good as new. Otto felt a deep respect for the machine and promised himself never to take it for granted again.

When the machine was repaired, the old man asked if Otto wanted to keep it. Otto thought for a moment and then shook his head.

"No, I think it should stay here in the store," he said. "I've had enough magical candies for now, and I don't want to be tempted to overuse it again."

The old man smiled proudly. "A wise decision, Otto. You've done something wonderful—you've learned to set limits for yourself. That's a rare and valuable insight."

Otto went home that day without the machine, but with a feeling that he had gained something much greater. He knew now that he didn't need a magical machine to be happy. He had his friends, his family, and a town full of memories of their fantastic candy rain.

And sometimes, when he walked past the toy store, he could swear he heard the machine humming quietly in the background, as if it was waiting for the next adventurer to come and explore its secrets.

The End.

Linnéa och Den Magiska Klockan

Det var en gång en flicka vid namn Linnéa som bodde i en liten by där tiden tycktes stå stilla. Ingenting spännande hände någonsin, och dagarna gick förbi i samma trista rutin. Linnéa var en nyfiken och livlig flicka, alltid på jakt efter nya äventyr, men i hennes by fanns det få sådana att hitta.

Linnéa bodde med sin farfar, en snäll och klok man som alltid hade en spännande berättelse att berätta. Hans favoritämne var tiden, och han brukade säga att tid var något magiskt, något som inte alltid är som det verkar. Men trots farfars fascinerande berättelser hade Linnéa svårt att tro att något så vardagligt som tid kunde vara magiskt.

En grå och regnig lördag, när Linnéa hade tröttnat på att läsa samma gamla böcker och rita samma gamla bilder, bestämde hon sig för att utforska vinden i farfars hus. Vinden var full av dammiga lådor, gamla möbler och mystiska saker som ingen hade rört på åratal. Men det som fångade Linnéas uppmärksamhet var en gammal klocka som stod längst in i ett hörn.

Klockan var stor och tung, med en mörk träkropp och urtavla av glas. Den såg ut som om den hade stått där i hundra år och var täckt av ett tjockt lager damm. Men något med klockan kändes märkligt bekant för Linnéa, som om hon hade sett den förut i en dröm.

Nyfiken gick hon närmare och sträckte ut handen för att torka av dammet från urtavlan. Så snart hennes fingrar rörde klockan, började den plötsligt ticka. Linnéa hoppade till av förvåning och drog tillbaka handen, men klockan fortsatte ticka, långsamt men stadigt.

Plötsligt öppnades en liten dörr på framsidan av klockan, och en liten, skimrande nyckel föll ut och landade mjukt på golvet framför Linnéa. Hon plockade upp nyckeln och studerade den noggrant. Den var liten och smidig, gjord av en metall som sken i regnbågens alla färger. Utan att tveka satte Linnéa in nyckeln i ett litet nyckelhål som fanns på sidan av klockan. Hon vred om nyckeln, och genast började klockan snurra.

Det var som om hela rummet förvandlades. Väggarna försvann, och Linnéa befann sig plötsligt mitt i en stor, solig äng. Men det var inte vilken äng som helst—den var full av blommor i alla tänkbara färger, och i luften flög fjärilar så stora som fåglar. Mitt i ängen stod en stor, gammal ek, och vid foten av trädet satt en liten pojke.

Pojken såg upp och log när han fick syn på Linnéa. "Välkommen till Tidsängen," sa han. "Jag har väntat på dig."

"Vem är du?" frågade Linnéa, som fortfarande inte riktigt förstod vad som hade hänt.

"Jag heter Felix," svarade pojken. "Och jag är tidens väktare här i Tidsängen."

Linnéa såg sig omkring. "Vad är det här för plats? Och varför är jag här?"

Felix reste sig upp och gick fram till Linnéa. "Det här är en plats där tiden inte rör sig på samma sätt som i din värld. Här kan du uppleva vad som helst, när som helst. Men du måste vara försiktig. Tid är ett kraftfullt verktyg, och om du inte använder den rätt kan den skapa problem."

Linnéa kände ett litet pirr i magen. Det här var precis det äventyr hon hade drömt om, men samtidigt förstod hon att det var något allvarligt med alltihop. "Vad behöver jag göra?" frågade hon.

Felix såg på henne med allvarliga ögon. "Du har fått nyckeln till Tidsängen, och det betyder att du kan styra tiden här. Men du får inte använda den för egen vinning. Tiden är något som tillhör alla, och om du ändrar på den kan det få stora konsekvenser."

Linnéa nickade. Hon förstod att det var ett stort ansvar. Men en liten del av henne kunde inte låta bli att undra vad hon skulle kunna göra med denna nya kraft.

"Kan jag åka tillbaka i tiden?" frågade hon försiktigt.

Felix nickade. "Ja, men kom ihåg vad jag sa. Om du ändrar något i det förflutna kan det påverka framtiden på sätt som du inte kan förutse."

Linnéa tänkte efter en stund. Det fanns så mycket hon ville se och uppleva. Men hon ville inte riskera att förstöra något. "Vad kan jag göra utan att skada något?" frågade hon.

Felix log igen. "Du kan resa i tiden och lära dig om saker som du annars aldrig skulle ha fått veta. Du kan besöka gamla tider, se hur människor levde, och kanske till och med lära dig något som kan hjälpa dig i din egen tid. Men du får inte försöka ändra på något."

Linnéa kände sig både nervös och upprymd. Hon bestämde sig för att börja med något enkelt. "Kan jag se hur min by såg ut för hundra år sedan?"

Felix nickade och pekade på klockan. "Vrid på visarna tills du når den tid du vill besöka, och tänk noga på vart du vill åka. Klockan kommer att ta dig dit."

Linnéa gick fram till klockan och lade handen på den stora visaren. Hon vred den försiktigt tillbaka, först några år, sedan tio, och till slut hundra år. Hon blundade och tänkte på sin by, och när hon öppnade ögonen stod hon mitt på torget.

Men byn såg inte alls ut som den gjorde nu. Husen var små och enkla, vägarna var av jord och sten, och människorna klädde sig helt annorlunda. Det var som att gå rakt in i en levande historiebok.

Linnéa gick runt i byn och försökte ta in allt hon såg. Hon hörde människor prata om saker som kändes så främmande för henne—om skördarna, om vädret, om kriget som rasade långt borta. Men det som verkligen fångade hennes uppmärksamhet var en flicka i hennes egen ålder som satt ensam på en bänk och grät.

Linnéa gick fram till flickan och satte sig bredvid henne. "Vad är det som har hänt?" frågade hon försiktigt.

Flickan såg upp med tårfyllda ögon. "Min mamma är sjuk, och ingen vet hur man ska bota henne."

Linnéas hjärta snörpte sig. Hon ville så gärna hjälpa, men hon visste inte hur. Plötsligt kom hon att tänka på något som farfar hade berättat för henne—hur en gammal ört som växte vilt i skogarna runt byn en gång hade använts för att bota en liknande sjukdom.

"Vänta här," sa Linnéa och sprang tillbaka mot skogen. Hon visste att det var en risk att ändra något i det förflutna, men hon kunde inte stå och se på när någon led.

I skogen letade hon febrilt efter den växt farfar hade beskrivit. Efter vad som kändes som en evighet hittade hon den till slut—en liten, anspråkslös planta med vita blommor. Hon plockade några av blommorna och sprang tillbaka till flickan.

"Ge dessa till din mamma," sa Linnéa och räckte över blommorna. "Jag tror de kan hjälpa."

Flickan tittade förvånat på Linnéa men tog emot blommorna och sprang iväg. Linnéa stod kvar och hoppades att hon hade gjort rätt. Hon visste att hon hade tagit en stor risk, men hon kunde inte låta bli att känna en viss stolthet över att hon kanske hade hjälpt någon.

När hon återvände till Tidsängen stod Felix och väntade på henne. Han såg allvarlig ut.

"Du vet att du inte borde ha gjort det där," sa han tyst. "Att ändra något i det förflutna kan påverka framtiden."

Linnéa sänkte blicken. "Jag vet, men jag kunde inte låta bli. Hon behövde hjälp."

Felix suckade men såg inte arg ut. "Det är svårt att stå bredvid och inte ingripa när man ser någon lida. Men nu måste vi se om din handling har fått några konsekvenser."

Linnéa kände hur det knöt sig i magen. Tänk om hon hade förstört något?

Felix pekade på klockan. "Vrid tillbaka visarna till din egen tid, och låt oss se vad som har hänt."

Linnéa gjorde som han sa och vred på visarna tills hon återvände till sin egen tid. När hon öppnade ögonen stod hon återigen på torget i sin by. Men något var annorlunda. Byn verkade... lyckligare. Människorna såg glada ut, och det fanns en ny vårdcentral mitt i byn—något som inte hade funnits där tidigare.

"Vad är det här?" frågade Linnéa förvånat.

Felix log. "Det verkar som om din handling i det förflutna ledde till att någon hittade en botemedel för länge sedan. Det botemedlet har nu spridit sig, och din by har blivit en plats där människor kommer för att bli friska."

Linnéa kände en enorm lättnad. Hon hade inte förstört något—hon hade hjälpt till att förbättra sin by. Men hon förstod också att hon hade haft tur. Nästa gång kanske det inte skulle gå lika bra.

"Jag förstår nu," sa hon och tittade på Felix. "Tiden är något man måste behandla med respekt."

Felix nickade. "Precis. Men du har också lärt dig att tiden kan användas för gott om man är försiktig och tänker på andra."

Linnéa tackade Felix för hans hjälp och återvände till vinden i farfars hus. Hon satte nyckeln tillbaka i klockan och visste att hon inte skulle använda den igen i brådrasket. Tidsängens magi var något som hon nu förstod—men det var också något som hon visste att hon måste vara mycket försiktig med.

Dagen därpå berättade Linnéa allt för sin farfar. Han lyssnade med stort intresse och klappade henne på huvudet när hon var färdig.

"Du har haft ett stort äventyr, Linnéa," sa han. "Men du har också lärt dig något viktigt. Tiden är en vän, men bara om du behandlar den väl."

Och så levde Linnéa sitt liv med den nya insikten om tidens magi. Hon fortsatte att utforska världen runt henne, men hon gjorde det med respekt och eftertanke, alltid med medvetenhet om att även de minsta handlingar kan få stora konsekvenser.

Slut.

Linnéa and the Magic Clock

Once upon a time, there was a girl named Linnéa who lived in a small village where time seemed to stand still. Nothing exciting ever happened, and the days passed by in the same dreary routine. Linnéa was a curious and lively girl, always looking for new adventures, but in her village, there were few to be found.

Linnéa lived with her grandfather, a kind and wise man who always had a fascinating story to tell. His favorite topic was time, and he used to say that time was something magical, something that wasn't always what it seemed. But despite Grandpa's fascinating stories, Linnéa had a hard time believing that something as ordinary as time could be magical.

One gray and rainy Saturday, when Linnéa had grown tired of reading the same old books and drawing the same old pictures, she decided to explore the attic in Grandpa's house. The attic was full of dusty boxes, old furniture, and mysterious things that no one had touched in years. But what caught Linnéa's attention was an old clock standing in the far corner.

The clock was large and heavy, with a dark wooden body and a glass face. It looked like it had been there for a hundred years and was covered in a thick layer of dust. But something about the clock felt strangely familiar to Linnéa, as if she had seen it before in a dream.

Curious, she stepped closer and reached out to wipe the dust off the clock's face. As soon as her fingers touched the clock, it suddenly began to tick. Linnéa jumped back in surprise and pulled her hand away, but the clock kept ticking, slowly but steadily.

Suddenly, a small door on the front of the clock opened, and a small, shimmering key fell out and landed softly on the floor in front of Linnéa. She picked up the key and studied it carefully. It was small and slender, made of a metal that glowed in all the colors of the rainbow. Without hesitation, she inserted the key into a small keyhole on the side of the clock. She turned the key, and the clock began to spin.

It was as if the whole room transformed. The walls disappeared, and Linnéa suddenly found herself in the middle of a large, sunny meadow. But it wasn't just any meadow—it was full of flowers in every imaginable color, and in the air flew butterflies as large as birds. In the center of the meadow stood a large, old oak tree, and at the foot of the tree sat a small boy.

The boy looked up and smiled when he saw Linnéa. "Welcome to Time Meadow," he said. "I've been waiting for you."

"Who are you?" asked Linnéa, still not quite understanding what had happened.

"My name is Felix," replied the boy. "And I'm the guardian of time here in Time Meadow."

Linnéa looked around. "What is this place? And why am I here?"

Felix stood up and walked over to Linnéa. "This is a place where time doesn't move in the same way as in your world. Here, you can experience anything, at any time. But you must be careful. Time is a powerful tool, and if you don't use it wisely, it can cause problems."

Linnéa felt a little flutter in her stomach. This was exactly the adventure she had dreamed of, but at the same time, she understood that there was something serious about all of this. "What do I need to do?" she asked.

Felix looked at her with serious eyes. "You've been given the key to Time Meadow, which means you can control time here. But you must not use it for your own gain. Time belongs to everyone, and if you change it, it can have major consequences."

Linnéa nodded. She understood that it was a big responsibility. But a small part of her couldn't help but wonder what she could do with this new power.

"Can I go back in time?" she asked cautiously.

Felix nodded. "Yes, but remember what I said. If you change something in the past, it can affect the future in ways you can't predict."

Linnéa thought for a moment. There was so much she wanted to see and experience. But she didn't want to risk ruining anything. "What can I do without harming anything?" she asked.

Felix smiled again. "You can travel in time and learn about things you otherwise would never have known. You can visit old times, see how people lived, and maybe even learn something that can help you in your own time. But you mustn't try to change anything."

Linnéa felt both nervous and excited. She decided to start with something simple. "Can I see what my village looked like a hundred years ago?"

Felix nodded and pointed to the clock. "Turn the hands until you reach the time you want to visit, and think carefully about where you want to go. The clock will take you there."

Linnéa stepped up to the clock and placed her hand on the large hand. She gently turned it back, first a few years, then ten, and finally a hundred. She closed her eyes and thought of her village, and when she opened her eyes, she was standing in the middle of the square.

But the village didn't look anything like it did now. The houses were small and simple, the roads were made of dirt and stones, and the people dressed completely differently. It was like stepping right into a living history book.

Linnéa wandered around the village, trying to take in everything she saw. She heard people talking about things that felt so foreign to her—about the harvest, the weather, the war that raged far away. But what really caught her attention was a girl her own age sitting alone on a bench, crying.

Linnéa walked over to the girl and sat down beside her. "What's wrong?" she asked gently.

The girl looked up with tear-filled eyes. "My mother is sick, and no one knows how to cure her."

Linnéa's heart tightened. She wanted so much to help, but she didn't know how. Suddenly, she remembered something her grandfather had told her—how an old herb that grew wild in the forests around the village had once been used to cure a similar illness.

"Wait here," Linnéa said and ran off towards the forest. She knew it was a risk to change something in the past, but she couldn't stand by and watch someone suffer.

In the forest, she frantically searched for the plant her grandfather had described. After what felt like an eternity, she finally found it—a small, unassuming plant with white flowers. She picked a few of the flowers and ran back to the girl.

"Give these to your mother," Linnéa said, handing over the flowers. "I think they can help."

The girl looked at Linnéa in surprise but took the flowers and ran off. Linnéa stood there, hoping she had done the right thing. She knew she had taken a big risk, but she couldn't help but feel a certain pride in

possibly having helped someone.

When she returned to Time Meadow, Felix was waiting for her. He looked serious.

"You know you shouldn't have done that," he said quietly. "Changing something in the past can affect the future."

Linnéa lowered her eyes. "I know, but I couldn't help it. She needed help."

Felix sighed but didn't look angry. "It's hard to stand by and not intervene when you see someone suffering. But now we have to see if your action has had any consequences."

Linnéa felt a knot in her stomach. What if she had ruined something?

Felix pointed to the clock. "Turn the hands back to your own time, and let's see what has happened."

Linnéa did as he said and turned the hands until she returned to her own time. When she opened her eyes, she was back in the square of her village. But something was different. The village seemed... happier. The people looked cheerful, and there was a new health clinic in the middle of the village—something that hadn't been there before.

"What is this?" Linnéa asked in surprise.

Felix smiled. "It seems that your action in the past led to someone discovering a cure long ago. That cure has now spread, and your village has become a place where people come to get well."

Linnéa felt immense relief. She hadn't destroyed anything—she had helped improve her village. But she also understood that she had been lucky. Next time, it might not go as well.

"I understand now," she said, looking at Felix. "Time is something to be treated with respect."

Felix nodded. "Exactly. But you've also learned that time can be used for good if you're careful and think of others."

Linnéa thanked Felix for his help and returned to the attic in her grandfather's house. She put the key back in the clock and knew that she wouldn't be using it again anytime soon. The magic of Time Meadow was something she now understood—but it was also something she knew she had to be very careful with.

The next day, Linnéa told her grandfather everything. He listened with great interest and patted her on the head when she was finished.

"You've had a great adventure, Linnéa," he said. "But you've also learned something important. Time is a friend, but only if you treat it well."

And so, Linnéa lived her life with the new insight about the magic of time. She continued to explore the world around her, but she did so with respect and thoughtfulness, always aware that even the smallest actions can have big consequences.

The End.

www.ingramcontent.com/pod-product-compliance
Lightning Source LLC
Chambersburg PA
CBHW061635130726

47996CB00003B/1299